O MELHOR DO KARATÊ – .11

M. Nakayama

O MELHOR DO KARATÊ – 11
Gojūshiho Dai, Gojūshiho Shō, Meikyō

Tradução
EUCLIDES LUIZ CALLONI

EDITORA CULTRIX
São Paulo

Título do original: *Best Karate 11*

O primeiro número à esquerda indica a edição, ou reedição, desta obra. A primeira dezena à direita indica o ano em que esta edição, ou reedição foi publicada.

Edição	Ano
3-4-5-6-7-8-9-10-11-12-13	09-10-11-12-13-14-15

Direitos de tradução para a língua portuguesa
adquiridos com exclusividade pela
EDITORA PENSAMENTO-CULTRIX LTDA.
Rua Dr. Mário Vicente, 368 – 04270-000 – São Paulo, SP
Fone: 2066-9000 – Fax: 2066-9008
E-mail: pensamento@cultrix.com.br
http://www.pensamento-cultrix.com.br
que se reserva a propriedade literária desta tradução.

Impresso por : Graphium gráfica e editora

SUMÁRIO

Dedicado
ao meu mestre

GICHIN FUNAKOSHI

INTRODUÇÃO

As últimas décadas assistiram a uma crescente popularidade do karatê-dō em todo o mundo. Entre os que foram atraídos por ele encontram-se estudantes e professores universitários, artistas, homens de negócios e funcionários públicos. O karatê passou a ser praticado por policiais e por membros das Forças Armadas do Japão. Muitas universidades já o transformaram em disciplina obrigatória, e aumenta a cada ano o número das que estão seguindo o exemplo.

Com o aumento da sua popularidade, têm surgido certas interpretações e atuações desastrosas e lamentáveis. Primeiro, o karatê foi confundido com o chamado boxe de estilo chinês, e sua relação com o *Te* de Okinawa, que lhe deu origem, não foi devidamente entendida. Há também pessoas que passaram a vê-lo como um mero espetáculo, no qual dois homens se atacam selvagemente, ou em que os competidores se golpeiam como se estivessem numa espécie de luta na qual são usados os pés, ou em que um homem se exibe quebrando tijolos ou outros objetos duros com a cabeça, as mãos ou os pés.

É lamentável que o karatê seja praticado apenas como uma técnica de luta. As técnicas básicas foram desenvolvidas e aperfeiçoadas através de longos anos de estudo e de prática; mas, para se fazer um uso eficaz dessas técnicas, é preciso reconhecer o aspecto espiritual dessa arte de defesa pessoal e dar-lhe a devida importância. É gratificante para mim constatar que existem aqueles que entendem isso, que sabem que o karatê-dō é uma genuína arte marcial do Oriente, e que treinam com a atitude apropriada.

Ser capaz de infligir danos devastadores no adversário com um soco ou com um único chute tem sido, de fato, o objetivo dessa antiga arte marcial de origem okinawana. Porém, mesmo os praticantes de antigamente colocavam mais ênfase no aspecto espiritual da arte do que nas técnicas. Treinar significa treinar o corpo e o espírito e, acima de tudo, a pessoa deve tratar o adversário com cortesia e a devida etiqueta. Não basta lutar com toda a força pessoal; o verdadeiro objetivo do karatê-dō é lutar em nome da justiça.

Gichin Funakoshi, um grande mestre do karatê-dō, observou repetidas vezes que o propósito maior da prática dessa arte é o cultivo de um espírito sublime, de um espírito de humildade. E, ao mesmo tempo, é desenvolver uma força capaz de destruir um animal selvagem enfurecido com um único golpe. Só é possível tornar-se um verdadeiro adepto do karatê-dō quando se atinge a perfeição nesses dois aspectos: o espiritual e o físico.

O karatê como arte de defesa pessoal e como meio de melhorar e manter a saúde existe há muito tempo. Nos últimos vinte anos, uma nova atividade ligada a essa arte marcial está sendo cultivada com êxito: *o karatê como esporte.*

No karatê como esporte as competições são realizadas com o objetivo de avaliar a habilidade dos participantes. É preciso salientar isso, pois também aqui há motivos para lastimar. Há nas competições a tendência de enfatizar demasiadamente a vitória, negligenciando a prática de técnicas fundamentais e com a preferência por praticar o jiyū kumite sempre que possível.

A ênfase no fato de vencer as competições não pode deixar de alterar as técnicas fundamentais que a pessoa usa e a prática na qual ela se envolve. E, como se isso não bastasse, o resultado será a incapacidade de executar uma técnica poderosa e eficaz, que é, afinal, a característica peculiar do karatê-dō. Quem começar a praticar prematuramente o jiyū kumite — sem ter praticado suficientemente as técnicas fundamentais — logo será surpreendido por um oponente que tiver treinado essas técnicas durante muito tempo e com diligência. Em termos simples, confirmar-se-á o velho ditado que diz que a pressa é inimiga da perfeição. Não há outro modo de aprender senão praticando as técnicas e os movimentos básicos, passo a passo, estágio por estágio.

Se é para realizar competições de karatê, que elas sejam organizadas em condições corretas e no espírito adequado. O desejo de vencer uma disputa é contraproducente, uma vez que leva a uma falta de seriedade no aprendizado das regras básicas. Além disso, ter como objetivo uma exibição selvagem de força e vigor num torneio é algo totalmente indesejável. Quando isso acontece, a cortesia ao adversário é esquecida, e esta é de importância fundamental em qualquer modalidade do karatê. Penso que essa questão merece muita reflexão e cuidado, tanto da parte dos instrutores como da parte dos estudantes.

Para explicar os numerosos e complexos movimentos do corpo, é meu desejo oferecer um livro inteiramente ilustrado, com um texto atualizado, com base na experiência que adquiri com essa arte ao longo de um período de 46 anos. Esse desejo está sendo realizado com a publicação desta série, *O Melhor do Karatê*, em que meus primeiros escritos foram totalmente revistos com a ajuda e o estímulo de meus leitores. Esta nova série explica em detalhes e em linguagem muito simples o que é o karatê-dō, e por isso espero sinceramente que ela seja de grande proveito e ajuda aos adeptos dessa arte. Espero também que os karatecas de muitos países consigam entender-se melhor depois da leitura destes onze volumes.

O QUE É O KARATÊ-DŌ

O objetivo principal do karatê-dō não é decidir quem é o vencedor e quem é o vencido. O karatê-dō é uma arte marcial para o desenvolvimento do caráter por meio do treinamento, para que o karateca possa superar quaisquer obstáculos, palpáveis ou não.

O karatê-dō é uma arte de defesa pessoal praticada de mãos vazias; nele, braços e pernas são treinados sistematicamente, e um inimigo que ataque de surpresa pode ser controlado por uma demonstração de força, como se empregássemos armas.

A prática do karatê-dō faz com que a pessoa domine todos os movimentos do corpo, como flexões, saltos e balanço, aprendendo a movimentar os membros e o corpo para trás e para a frente, para a esquerda e para a direita, para cima e para baixo, de um modo livre e uniforme.

As técnicas do karatê-dō são bem controladas de acordo com a força de vontade do karateca e são dirigidas para o alvo de maneira precisa e espontânea.

A essência das técnicas do karatê é o *kime*. O propósito do *kime* é fazer um ataque explosivo ao alvo usando a técnica apropriada e o máximo de força no menor tempo possível. (Antigamente, usava-se a expressão *ikken hissatsu*, que significa "matar com um golpe", mas concluir daí que matar seja o objetivo dessa técnica é tão perigoso quanto incorreto. É preciso lembrar que o karateca de outrora podia praticar o *kime* diariamente e com seriedade absoluta usando o *makiwara*.)

O *kime* pode ser realizado por golpes, socos ou chutes, e também por bloqueio. Uma técnica sem *kime* jamais pode ser considerada verdadeiro karatê, por maior que seja a semelhança. Uma disputa não é exceção; entretanto, é contra as regras estabelecer contato, por causa do perigo envolvido.

Sun-dome significa interromper a técnica imediatamente antes de estabelecer contato com o alvo (um *sun* equivale a cerca de três centímetros). Mas excluir o *kime* de uma técnica descaracteriza o verdadeiro karatê, de modo que o problema é como conciliar a contradição entre *kime* e *sun-dome*. A solução é esta: determine o alvo ligeiramente à frente do ponto vital do adversário. Ele poderá então ser atingido de maneira controlada com o máximo de força, sem que haja contato.

O treino transforma as várias partes do corpo em armas que podem ser usadas de modo livre e eficaz. A qualidade necessária para conseguir isso é o autocontrole. Para tornar-se vencedor, o karateca precisa antes vencer a si mesmo.

KATA

Os *kata* do karatê-dō são combinações lógicas de técnicas de bloqueio, soco, golpe e chute em seqüências predeterminadas. Cerca de cinqüenta kata, ou "exercícios formais", são praticados atualmente; alguns deles foram transmitidos de geração em geração, enquanto outros se desenvolveram recentemente.

Os kata podem ser divididos em duas grandes categorias. Uma inclui os kata apropriados ao desenvolvimento físico e ao fortalecimento dos ossos e dos músculos. Apesar de aparentemente simples, eles requerem tranqüilidade para ser executados e passam a impressão de força e dignidade quando praticados corretamente. Na outra categoria encontram-se os kata apropriados para o desenvolvimento de reflexos rápidos e da capacidade de movimentar-se com agilidade. Os movimentos-relâmpago desses kata sugerem o vôo rápido da andorinha. Todos os kata requerem e ajudam a desenvolver ritmo e coordenação.

O treino nos kata é tanto espiritual quanto físico. Na execução dos kata, o karateca deve mostrar coragem e confiança, mas também humildade, gentileza e um senso de decoro, integrando assim o corpo e a mente numa disciplina singular. Como Gichin Funakoshi lembrava freqüentemente a seus discípulos, "Sem cortesia, o karatê-dō perde o seu espírito".

Uma expressão dessa cortesia é a inclinação da cabeça no início e ao término de uma luta. A postura é *musubi-dachi* (postura informal de atenção), com os braços relaxados, as mãos tocando levemente as coxas e os olhos voltados diretamente para a frente.

Da reverência no início do kata, passa-se ao *kamae* do primeiro movimento do kata. O *kamae* é uma postura descontraída, em que a tensão, particularmente nos ombros e joelhos, é eliminada e a respiração flui com facilidade. O centro da força e da concentração é o *tanden*, o centro de gravidade do corpo. Nessa postura, o karateca deve estar preparado para qualquer eventualidade e mostrar-se cheio de espírito de luta.

O estado de relaxamento alerta, chamado *zanshin*, também caracteriza a reverência ao término do kata. No karatê-dō, como em outras artes marciais, é da maior importância levar o kata a uma conclusão perfeita.

Cada kata começa com uma técnica de bloqueio e consiste em um número específico de movimentos que devem ser executados numa ordem predeterminada. Há certa variação na complexidade dos movimentos e no tempo necessário para concluí-los, mas cada movimento tem seu significado próprio e sua função, e nada é supérfluo. A execução do movimento se faz ao longo da *embusen* (linha de execução), que tem uma configuração predeterminada para cada kata.

Ao executar um kata, o karateca deve imaginar-se cercado de adversários e estar preparado para aplicar técnicas de defesa e de ataque em qualquer direção. O domínio dos kata é pré-requisito para promoção por meio de *kyū* e *dan*. Os kata nos volumes 9, 10 e 11 desta série pertencem à categoria de kata livres que podem ser selecionados para avaliação acima do primeiro *dan*. Esses kata são de nível bastante avançado, e por isso a condição para um desempenho de sucesso é dominar antes os fundamentos, as técnicas básicas e os kata exigidos. (*Ver* vols. 5 a 8)

Pontos Importantes

Como os efeitos da prática são cumulativos, pratique todos os dias, mesmo que seja por alguns minutos apenas. Ao executar um kata, mantenha-se calmo e realize os movimentos sem pressa. Isso significa estar sempre atento ao tempo correto de execução de cada movimento. Se um determinado kata lhe parecer difícil, dedique-se a ele com mais intensidade e lembre-se sempre da relação que existe entre a prática do kata e o kumite. (*Ver* vols. 3 e 4.)

Os pontos específicos no desempenho são:

1. *Ordem correta.* O número e a seqüência dos movimentos são predeterminados. Todos têm de ser executados.

2. *Início e término.* O kata tem de ser iniciado e concluído no mesmo ponto da *embusen.* Isso exige prática.

3. *Significado de cada movimento.* Cada movimento, defensivo ou ofensivo, tem de ser claramente entendido e plenamente expresso. Isso se aplica também aos kata como um todo, uma vez que cada um tem características próprias.

4. *Consciência do alvo.* O karateca precisa saber qual é o alvo e quando precisamente executar uma técnica.

5. *Ritmo e senso do momento oportuno.* O ritmo deve ser apropriado ao kata específico e o corpo tem de ser flexível, sem tensões exageradas. Três fatores sempre devem ser lembrados: uso correto da força, rapidez ou lentidão ao executar as técnicas e distensão e contração dos músculos.

6. *Respiração adequada.* A respiração deve ajustar-se à situação, mas basicamente o karateca deve inspirar ao fazer o bloqueio e expirar ao executar uma técnica de arremate, e inspirar e expirar ao executar técnicas sucessivas.

O *kiai,* que pode ocorrer no meio ou no fim do kata, num momento de tensão máxima, mantém relação estreita com a respiração. Uma expiração intensa e a contração do abdômen conferem aos músculos uma força extra.

Padronização

Os kata básicos Heian e Tekki e os kata livres desde Bassai a Jion são todos essencialmente importantes Shōto-kan. Em 1948, discípulos das universidades de Keio, Waseda e Takushoku se reuniram com o mestre Gichin Funakoshi na Universidade Waseda. O objetivo da reunião era definir alguns procedimentos que levassem à unificação dos kata, pois estes haviam recebido várias interpretações individuais e subjetivas depois da guerra. A apresentação dos kata na série *O Melhor do Karatê* adota os critérios de padronização definidos nessa ocasião.

GOJŪSHIHO DAI

```
 1    2    3    4    5 · 6    7 · 8    9   10 · 11  12 · 13 · 14  15  16
17   18 · 19  20   21  22 · 23  24   25   26   27   28   29 · 30  31
32 · 33  34   35   36   37   38 · 39  40   41 · 42 · 43  44 · 45  46  47
48   49   50   51   52   53   54  55  56 · 57  58   59   60   61  62
```

GOJŪSHIHO SHŌ

```
 1    2    3    4    5 · 6    7 · 8    9   10 · 11  12 · 13  14  15  16
17   18 · 19  20   21   22   23 · 24  25   26   27   28   29   30  31
32   33   34 · 35  36   37   38   39   40   41 · 42 · 43  44   45  46
47 · 48  49   50   51   52   53 · 54  55   56   57  58   59   60  61  62
63   64  65
```

MEIKYŌ

```
 1    2    3    4    5    6    7    8    9   10   11   12   13   14  15  16
17   18   19   20   21   22   23   24   25   26   27   28   29   30  31  32
```

- ⌒ contínuo, rápido
- ∿ lento, vigorosamente
- ✹ *kiai*

Gojūshiho Dai

Kamae

Assuma a postura natural de pernas afastadas.

| 1 | *Migi uraken jōdan tate mawashi uchi*
Hidari ken migi hiji shita ni soeru |

Golpe circular vertical no nível superior com o dorso do punho direito/Punho esquerdo debaixo do cotovelo direito   Levante o punho direito; passando pelo ombro esquerdo, golpeie à frente num movimento circular amplo.

Embusen

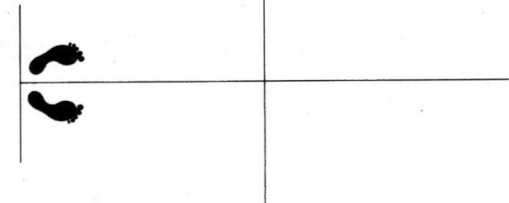

Migi zenkutsu-dachi

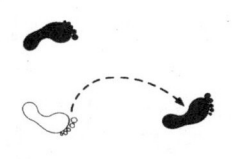

2 | *Chūdan morote uke (Hiji nobasu)*

Bloqueio do nível médio com antebraço estendido Leve ambos os punhos diagonalmente do quadril direito para a frente à esquerda. Endireite os cotovelos (dorso dos

3 | *Chūdan morote uke*

Bloqueio do nível médio com antebraço estendido Abaixe e levante os punhos para golpear na direção da postura, endireitando os braços e

Hidari zenkutsu-dachi

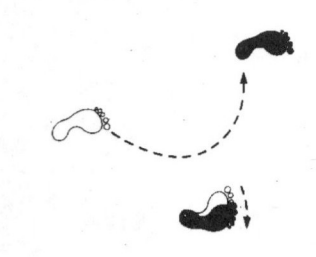

punhos para fora); aumente a força aos poucos.

Migi zenkutsu-dachi

aumentando a força gradualmente.

4 │ *Hidari chūdan tate shutō uke*

Bloqueio do nível médio com a mão esquerda em espada vertical Leve a mão esquerda da axila direita obliquamente à esquerda, aumentando gradualmente a força.

5 │ *Hidari chūdan gyaku-zuki*

Soco invertido no nível médio com o punho direito

6 │ *Hidari chūdan oi-zuki*

Soco de estocada no nível médio com o punho esquerdo

Hidari zenkutsu-dachi

| 7 | *Migi chūdan mae-geri* |

Hidari ashi-dachi

Chute frontal no nível médio com o pé direito

8 | *Migi chūdan gyaku-zuki*

Hidari zenkutsu-dachi

Soco invertido no nível médio com o punho direito   Recue a perna de chute.
Execute os Movimentos 7 e 8 rapidamente, numa única respiração.

10 | *Hidari chūdan gyaku-zuki*

Migi zenkutsu-dachi

Soco invertido no nível médio com o punho esquerdo

9 | Migi chūdan tate shutō uke

Bloqueio do nível médio com a mão direita em espada vertical Leve a mão direita da axila esquerda à frente para a posição frontal oblíqua direita, aumentando a força aos poucos.

11 | Migi chūdan oi-zuki

Soco de estocada no nível médio com o punho direito

12 | Hidari chūdan mae-geri

Chute frontal no nível médio com o pé esquerdo

Migi ashi-dachi

Hidari chūdan gyaku-zuki

Migi zenkutsu-dachi

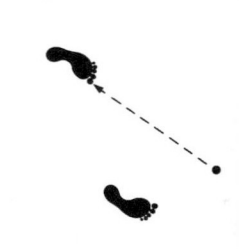

Soco invertido no nível médio com o punho esquerdo   Recue a perna de chute.

15 *Migi kokō gedan tsukidashi*
Hidari shō sukui uke

 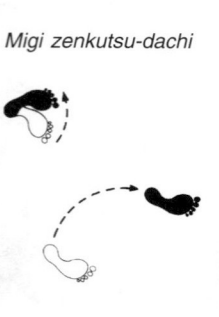

Migi zenkutsu-dachi

24

14 | *Migi tate empi jōdan uchi*

Golpe no nível superior com o cotovelo direito para cima Deslize o pé direito para a frente.

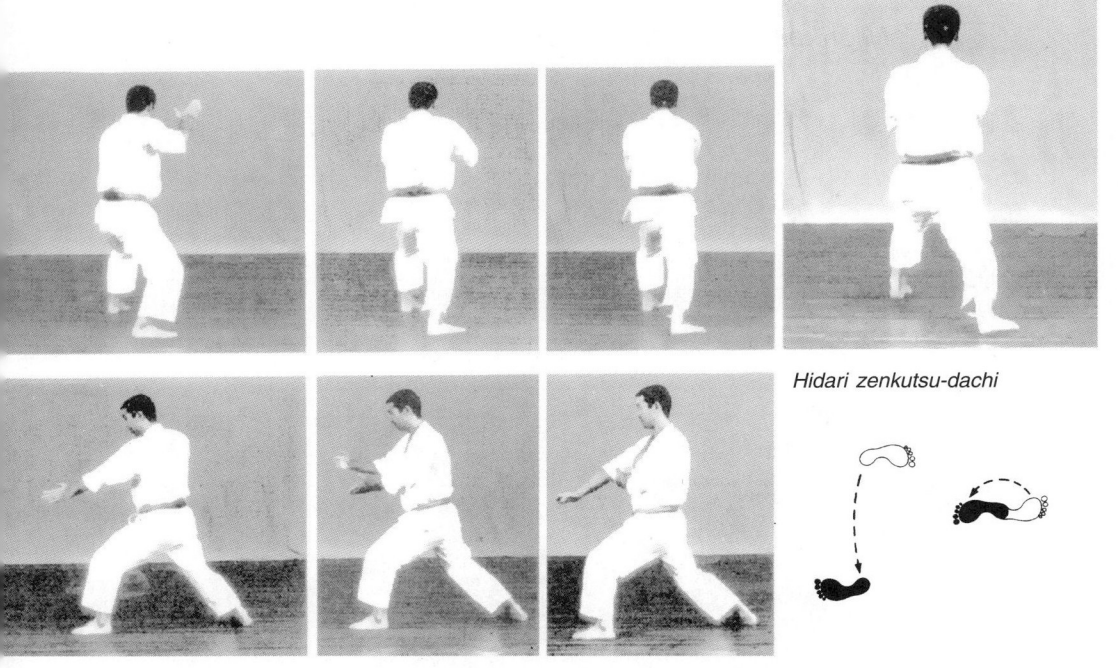

Hidari zenkutsu-dachi

Estocada para baixo com a mão direita "boca de tigre"/Bloqueio em concha com a mão esquerda Bloqueie em concha para cima, leve a mão esquerda para debaixo do cotovelo direito. Gire os quadris para a esquerda, inverta a direção.

16 — Migi keitō chūdan uke
Hidari shō migi hiji shita ni soeru

Bloqueio do nível médio com o punho direito "cabeça de galo"/Mão esquerda debaixo do cotovelo direito Sem mexer o cotovelo, levante o punho "cabeça de

17a — Migi keitō migi mimi yoko

Punho "cabeça de galo" direito junto à orelha direita Enquanto gira a parte superior do corpo para a direita, estique suavemente a mão esquerda para a frente e leve o punho direito até junto da orelha direita.

Migi ashi mae neko ashi-dachi

galo" em arco, de dentro para fora. Deslize o pé direito meio passo à frente, descrevendo um semicírculo. Movimente as mãos e os pés lenta e simultaneamente.

<table>
<tr><td>17b</td><td>Migi ippon nukite chūdan otoshi-zuki
Hidari ippon ken migi hiji uchigawa ni soeru</td></tr>
</table>

Migi ashi mae neko ashi-dachi

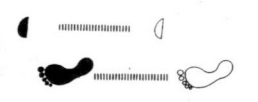

Soco descendente no nível médio com a mão direita em lança de um dedo/Punho esquerdo de um nó dentro do cotovelo direito Dê um passo grande à frente com o pé direito, deslize o pé esquerdo para a frente.

18 — Hidari ippon nukite chūdan otoshi-zuki
Migi ippon ken hidari hiji uchigawa ni soeru

Soco descendente no nível médio com a mão esquerda em lança de um dedo/ Punho direito de um nó dentro do cotovelo esquerdo

20 — Migi keitō chūdan uke
Hidari shō migi hiji shita ni soeru

Bloqueio do nível médio direito com o punho "cabeça de galo"/Mão esquerda debaixo do cotovelo direito   Deixando o cotovelo no lugar, desloque a mão direita num movimento circular. Gire os quadris para a esquerda com o pé esquerdo

19 *Migi ippon nukite chūdan otoshi-zuki*
Hidari ippon ken migi hiji uchigawa ni soeru

Soco descendente no nível médio com a mão direita em lança de um dedo/Punho esquerdo de um nó dentro do cotovelo direito   Faça os movimentos 18 e 19 rapidamente, como numa ação única.

Migi ashi mae neko ashi-dachi

como pivô, deslize o pé direito meio passo à frente num arco baixo.   Movimente as mãos e os pés lenta e simultaneamente.

21a Migi keitō migi mimi yoko

Punho "cabeça de galo" direito junto à orelha direita   Enquanto gira para a direita, estique suavemente a mão esquerda para a frente e leve o punho "cabeça de galo" direito até junto da orelha direita.

22 Hidari ippon nukite chūdan otoshi-zuki
Migi ippon ken hidari hiji uchigawa ni soeru

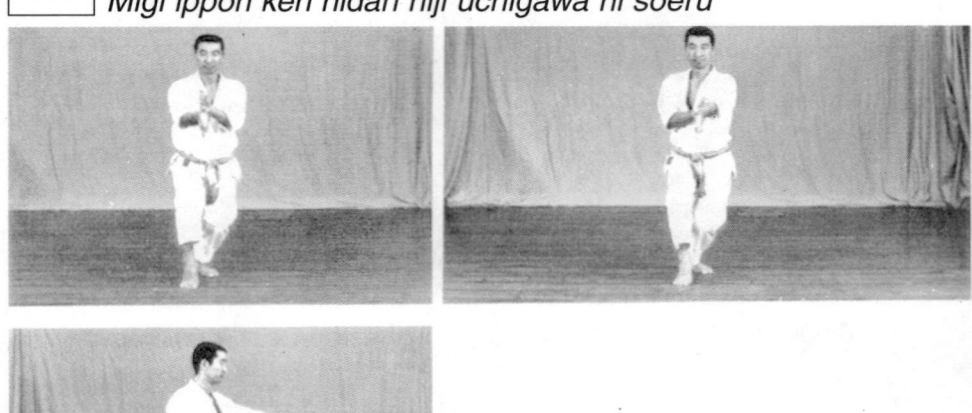

Soco descendente no nível médio com a mão esquerda em lança de um dedo/ Punho direito de um nó dentro do cotovelo esquerdo

21b *Migi ippon nukite chūdan otoshi-zuki*
Hidari shō migi hiji uchigawa ni soeru

Migi ashi mae neko ashi-dachi

Soco descendente no nível médio com a mão direita em lança de um dedo/Mão esquerda dentro do cotovelo direito   Dê um grande passo à frente e em seguida deslize o pé esquerdo para assumir posição.

23 *Migi ippon nukite chūdan otoshi-zuki*
Hidari ippon ken migi hiji uchigawa ni soeru

Soco descendente no nível médio com a mão direita em lança de um *dedo/Punho esquerdo de um nó dentro do cotovelo direito*   Faça os Movimentos 22 e 23 rapidamente numa única respiração.

31

24 | *Hidari haitō gedan uke*
Migi shutō suigetsu mae kamae

Bloqueio para baixo com a lateral da mão esquerda/Kamae da mão direita em espada na frente do plexo solar   Com o pé direito como pivô, gire os quadris para a esquerda.

26a | *Ryō shō migi naname*
jōhō ni bō uke

Migi ashi mae
Kōsa-dachi

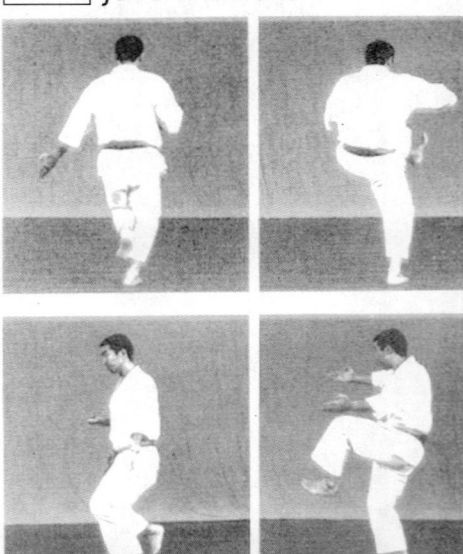

Bloqueio de vara com duas mãos diagonalmente para cima à direita

25 — *Ryō shō Kyodō 24 no mama*

Kiba-dachi

Mãos como no Movimento 24   Cruze o pé direito na frente do esquerdo.

26b — *Ryō ken tsuyoku hidari naname kahō e*

Kiba-dachi

Ambos os punhos, vigorosamente, em diagonal para baixo à esquerda   Bata o pé esquerdo no chão. Dorso do punho esquerdo para cima; dorso do punho direito para baixo.

27 *Migi haitō gedan uke*
Hidari shutō suigetsu mae kamae

Bloqueio para baixo com a lateral da mão direita/Kamae da mão esquerda em espada na frente do plexo solar

29a *Ryō shō hidari naname jōhō ni bō uke*

Bloqueio de vara com as duas mãos diagonalmente para cima à esquerda
Dorso da mão esquerda para baixo, dorso da mão direita para cima.   Levante bem o joelho direito.

28 | *Ryō shō Kyodō 27 no mama*

Hidari ashi mae kōsa-dachi

Mãos como no Movimento 27

29b | *Ryō ken tsuyoku migi naname kahō e*

Kiba-dachi

Ambos os punhos, vigorosamente, em diagonal para baixo à direita Bata o pé
direito no chão à direita.

30	*Migi keitō chūdan uke* *Hidari shō migi hiji shita ni soeru*

Bloqueio do nível médio direito com o punho "cabeça de galo"/Mão esquerda debaixo do cotovelo direito Como no movimento 16. Movimente as mãos e os pés lenta e simultaneamente.

31b	*Migi ippon nukite chūdan otoshi-zuki* *Hidari sho migi hiji uchigawa ni soeru*

Migi ashi mae neko ashi-dachi

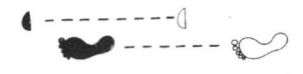

Soco descendente no nível médio com a mão direita em lança de um dedo/Mão esquerda dentro do cotovelo direito Dê um grande passo à frente e em seguida deslize o pé esquerdo para assumir posição.

31a   *Migi keitō migi mimi yoko*

Migi ashi mae neko ashi-dachi

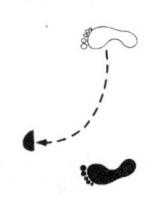

Punho "cabeça de galo" direito junto à orelha direita   Enquanto gira a parte superior do corpo para a direita, estique a mão esquerda e levante o punho direito.

32   *Hidari ippon nukite chūdan otoshi-zuki*
Migi ippon ken hidari hiji uchigawa ni soeru

Soco descendente no nível médio com a mão esquerda em lança de um dedo/Punho direito de um nó dentro do cotovelo esquerdo

33 *Migi ippon nukite chūdan otoshi-zuki/Hidari ippon ken migi hiji uchigawa ni soeru*

Soco descendente no nível médio com a mão direita em lança de um *dedo/Punho esquerdo de um nó dentro do cotovelo direito*

34

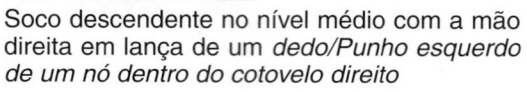
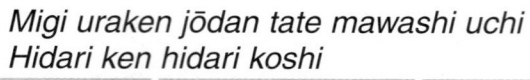

35 *Migi uraken jōdan tate mawashi uchi Hidari ken hidari koshi*

Golpe circular vertical no nível superior com o dorso do punho direito/Punho esquerdo no lado esquerdo   Deslize o pé direito um passo à frente num arco

Migi shihon nukite gedan-zuki
Hidari ken hidari koshi

Hidari zenkutsu-dachi

Soco para baixo com a mão direita em lança de quatro dedos/Punho esquerdo no lado esquerdo Com a perna direita como pivô, gire os quadris para a esquerda para inverter a direção.

Migi zenkutsu-dachi

baixo. Coordene essa ação com o golpe, movimentando o punho lentamente e usando o cotovelo como pivô.

36 | *Hidari shihon nukite gedan-zuki*
Migi ken migi koshi

Soco para baixo com a mão esquerda em lança de quatro dedos/Punho direito no lado direito

38 | *Migi washide gedan otoshi uchi*

Golpe descendente com a "mão de águia" direita   Dê um grande passo à frente com o pé direito. Movimente a mão direita para baixo desde acima da cabeça; feche o punho ao bater.

37 | *Hidari uraken jōdan tate mawashi uchi*
Migi ken migi koshi

Hidari zenkutsu-dachi

Golpe circular vertical no nível superior com o dorso do punho esquerdo/Punho direito no lado direito   Deslize o pé esquerdo um passo à frente num arco baixo, coordenando as ações das mãos e dos pés.

39 | *Migi washide jōdan tsuki-age*

Migi zenkutsu-dachi

Soco ascendente no nível superior com a "mão de águia" direita   Com o cotovelo firme, coloque o punho em posição.

40 · Migi washide sono mama / Hidari jōdan mae-geri

Migi ashi-dachi

·Mantenha a "mão de águia" direita/Chute frontal no nível superior com o pé esquerdo

41b · Migi ken kōhō gedan-barai / Hidari hiji jōdan ate

Hidari zenkutsu-dachi

Bloqueio do nível inferior para trás com o punho direito/Golpe no nível superior com o cotovelo esquerdo Projete o cotovelo esquerdo para o alto, acima da altura do ombro. O cruzamento dos punhos acrescenta força ao giro do quadril.

41a

Migi ken hidari kata ni hiki
Hidari ken chūdan-zuki

Punho direito volta ao ombro esquerdo/Soco no nível médio com o punho esquerdo
Execute o soco enquanto recolhe a perna de chute.

42

Migi keitō chūdan uke
Hidari shō migi hiji shita ni soeru

Migi ashi mae
neko ashi-dachi

Bloqueio com punho "cabeça de galo" direito no nível médio/Mão esquerda debaixo do cotovelo direito Deslize o pé direito à frente num arco baixo. Movimente as mãos e os pés lenta e simultaneamente.

43

Punho "cabeça de galo" direito junto à orelha direita Enquanto gira a parte superior do corpo para a direita, estique suavemente a mão esquerda à frente e levante o punho "cabeça de galo" direito.

44 *Hidari ippon nukite chūdan otoshi-zuki/Migi ken hidari hiji*

45 *Migi ippon nukite chūdan otoshi-zuki Hidari ken migi hiji*

Soco descendente no nível médio com a mão esquerda em lança de um dedo/Punho direito de um nó dentro do cotovelo esquerdo

Soco descendente no nível médio com a mão direita em lança de um dedo/Punho esquerdo de um nó dentro do cotovelo direito

43b Migi ippon nukite chūdan otoshi-zuki
Hidari shō migi hiji uchigawa ni soeru

Migi ashi mae
neko ashi-dachi

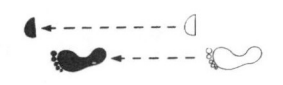

Soco descendente no nível médio com a mão direita em lança de um dedo/Mão esquerda dentro do cotovelo direito

46 Hidari haitō gedan sokumen uke
Migi shutō suigetsu mae kamae

Kiba-dachi

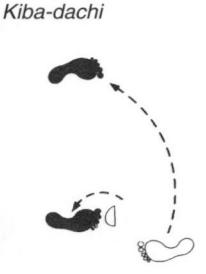

Bloqueio lateral para baixo com a lateral da mão esquerda/Kamae da mão direita em espada diante do plexo solar Com a perna direita como pivô, gire os quadris para a esquerda até os pés ficarem alinhados.

47 — Ryō shō Kyodō 46 no mama

Migi ashi mae
kōsa-dachi

Mãos como no Movimento 46

48b — Migi shihon tate nukite chūdan-zuki
Hidari hiji yoko hari hidari koshi kamae

Kiba-dachi

Soco no nível médio com a mão direita em lança de quatro dedos vertical/Kamae do cotovelo esquerdo em guarda no lado esquerdo Bata o pé esquerdo no chão para assumir posição.

48b
Hidari tate shutō chūdan uchi uke
Migi ken migi koshi

Migi ashi-dachi

*Bloqueio do nível médio com a mão esquerda em espada vertical, de dentro para fora/
Punho direito no lado direito   Levante o joelho esquerdo diante do peito.*

49
Migi haitō gedan sokumen uke
Hidari shutō suigetsu mae kamae

*Bloqueio lateral para baixo com a lateral da mão direita/Kamae da mão esquerda
em espada diante do plexo solar*

50 *Ryō shō sono mama*

Hidari ashi mae
kōsa-dachi

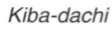

Mãos como antes
Movimente-se lentamente.

51a *Hidari tate*
shutō chūdan

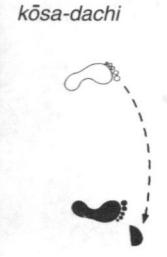

Bloqueio do nível médio co
a mão esquerda em espaç

52 *Migi uraken jōdan tate*
mawashi uchi

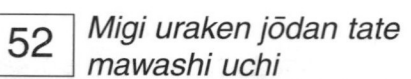

Kiba-dachi

Golpe circular vertical no nível superior com o dor-
so do punho direito/Punho esquerdo debaixo do
cotovelo direito   Deslize o pé

*uchi uke/Migi
ken migi koshi*

51b

*Migi shihon tate nukite chūdan-zuki
Hidari hiji yoko hari hidari koshi kamae*

*vertical, de dentro para fora/Punho
direito no lado direito*

*Soco no nível médio com a mão direita em lança
de quatro dedos vertical/Kamae do cotovelo esquerdo em guarda no lado esquerdo* Bata o pé
direito para assumir posição.

Hidari ken migi hiji shita ni soeru

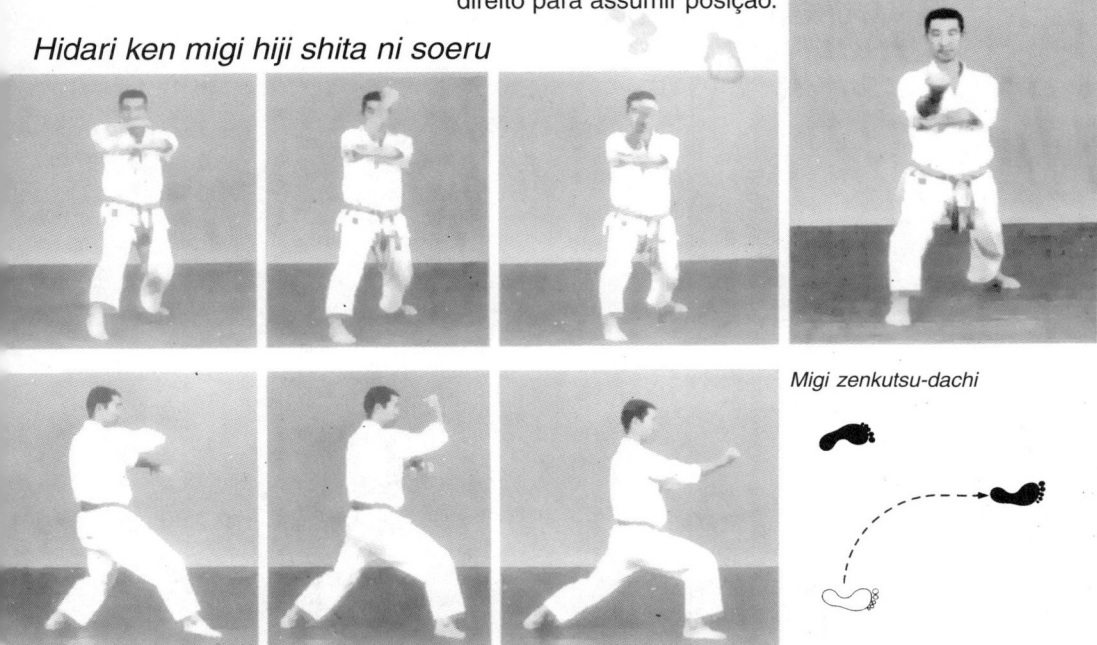

Migi zenkutsu-dachi

à frente num arco baixo. Execute os movimentos das mãos e dos pés lenta e
simultaneamente.

53 — Hidari kentsui chūdan yoko uchi / Migi ken migi koshi

53 | Hidari kentsui chūdan yoko uchi
Migi ken migi koshi

Golpe horizontal no nível médio com o punho-martelo esquerdo/Punho direito no lado direito Recue o pé direito para mudar atitude da parte superior do corpo.

54 | Migi ken chūdan oi-zuki
Hidari ken hidari koshi

Soco de estocada no nível médio com o punho direito/Punho esquerdo no lado esquerdo Deslize o pé direito um passo à frente.

Kiba-dachi

Migi zenkutsu-dachi

55 — *Ryō ken ryō chichi mae kamae*

Shizen-tai

Kamae dos punhos junto aos mamilos Com a perna direita como pivô, gire os quadris para a esquerda e alinhe o pé esquerdo com o direito. Cotovelos para os lados.

57 — *Ryō ken ryō chichi mae kamae*

Kamae dos punhos junto aos mamilos Cotovelos para os lados.

56 Ryō kentsui kōhō chūdan hasami uchi

Golpe com os punhos-martelo em tesoura no nível médio para trás Mantenha a postura natural e jogue os quadris com vigor para trás.

58 Ryō ken sono mama

Hidari zenkutsu-dachi

Punhos como antes Com a perna direita como pivô, gire os quadris para a esquerda para mudar atitude da parte superior do corpo.

59 — Ryō shō kakiwake gedan nagashi uke

Bloqueio em cunha invertida com as duas mãos desviando para baixo   Movimentando-se lentamente, deslize o pé direito para a frente num arco baixo.

61 — Ryō ippon

Migi ashi mae neko ashi-dachi

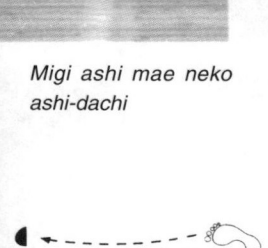

60 — *Ryō keitō chūdan uke*

Bloqueio do nível médio com os punhos "cabeça de galo"
Mantenha o cotovelo firme, levante os antebraços lentamente.

nukite chūdan otoshi-zuki

Migi ashi mae neko ashi-dachi

Soco descendente no nível médio com as mãos em lança de um dedo   Dê um grande passo à frente, avance o pé esquerdo, e em seguida recue o pé direito ligeiramente para assumir posição.

62 | *Migi keitō chūdan uke*
Hidari shō migi hiji shita ni soeru

Bloqueio do nível médio com o punho direito "cabeça de galo"/Mão esquerda debaixo do cotovelo direito Com a perna direita como pivô, gire os quadris para a esquerda.

Naore

Recue o pé direito e volte a shizen-tai.

Migi ashi mae neko ashi-dachi

Shizen-tai

GOJŪSHIHO DAI: PONTOS IMPORTANTES

Com 62 movimentos, Gojūshiho Dai é um dos kata mais longos — um pouco mais longo do que no tempo em que era chamado de "cinqüenta e quatro passos".

Entre suas características distintivas estão várias técnicas suaves e fluentes, posturas como a do gato e de uma só perna, que exigem excelente equilíbrio, e seus movimentos giratórios. Há diversos bloqueios com o punho "cabeça de galo" e ataques com soco descendente.

É necessário um alto nível de habilidade técnica para executar com eficácia este avançado kata.

1. Movimento 1. Detenha o ataque do oponente no nível médio pressionando para baixo com o braço esquerdo. Execute o golpe circular vertical com o dorso do punho direito. Com o cotovelo como pivô, gire o punho num amplo movimento circular, para cima e para a frente.

2. Movimento 4. Bloqueie o braço do adversário bem dentro levando a mão esquerda em espada vertical da axila direita até o nível médio num movimento circular amplo. Simultaneamente, adiante o pé esquerdo. Compare este bloqueio com o bloqueio de mão em espada regular, que é feito para baixo desde acima do ombro, como mostram as fotografias a seguir. É fundamental dominar bem a diferença entre os dois tipos de mão em espada.

3. Movimento 15. Para deter um chute com um bloqueio em concha com a mão esquerda, estenda a palma esquerda para a frente, e em seguida bloqueie o dorso do pé que chuta. Ao mesmo tempo, use a mão direita para contra-atacar o joelho do oponente com a estocada "boca de tigre" para baixo.

4. Movimento 16. Com este movimento você pode prender o braço de soco do adversário no nível médio desde a parte interna e desviá-lo com um punho "cabeça de galo" direito. Mantenha o cotovelo imóvel para que ele funcione como pivô para a ação do antebraço.

5. Movimento 17. Para contra-atacar a mão em lança de um dedo no nível médio, agarre o cotovelo direito e projete o antebraço diagonalmente para baixo. Mesmo que o oponente bloqueie, o *momentum* devido à detenção do cotovelo lhe dará condições de executar inteiramente o soco para baixo.

6. Movimento 38. Bloqueie o soco do oponente no nível médio com a "mão de águia" direita, projetando-a para baixo, num movimento amplo, desde acima da cabeça, e atingindo com vigor o braço ou a mão de soco do oponente. Mantenha o cotovelo imóvel, gire imediatamente o antebraço e posicione o cotovelo para uma estocada para cima.

Alternativamente, aplique a mão de bloqueio, como mostram as fotografias, para golpear a coxa do oponente e enfraquecer sua vontade de continuar o ataque.

7. Movimento 41. Para defender-se de um ataque contra o rosto, salte em direção ao adversário e, com o pulso, desvie para o lado, a partir de dentro, o braço de soco dele. Contra-ataque imediatamente com o punho esquerdo para o lado do corpo do oponente. Se ele chutar, recue o pé esquerdo e bloqueie o chute no nível inferior enquanto gira os quadris. Se houver um segundo atacante por trás, continue com um golpe do cotovelo esquerdo contra a mandíbula dele.

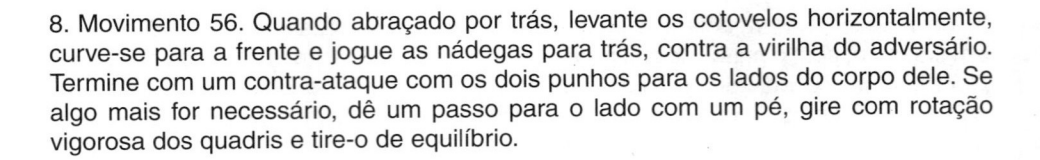

8. Movimento 56. Quando abraçado por trás, levante os cotovelos horizontalmente, curve-se para a frente e jogue as nádegas para trás, contra a virilha do adversário. Termine com um contra-ataque com os dois punhos para os lados do corpo dele. Se algo mais for necessário, dê um passo para o lado com um pé, gire com rotação vigorosa dos quadris e tire-o de equilíbrio.

9. Movimento 53. As seqüências fotográficas acima e abaixo mostram duas maneiras de soltar um pulso preso e contra-atacar.

10. Movimentos 60/62. Bloqueie um soco de dois punhos no nível médio com punhos "cabeça de galo" de dentro para cima, e em seguida ataque com ambas as mãos em lança de um só dedo. Estude essa técnica de todos os ângulos e aprenda a girar rapidamente.

Gojūshiho Shō

Kamae

<table>
<tr><td>1</td><td>Migi uraken jōdan tate mawashi uchi
Hidari ken migi hiji shita ni soeru</td></tr>
</table>

Golpe circular vertical no nível superior com o dorso do punho direito/Punho esquerdo debaixo do cotovelo direito Termine os movimentos das mãos e dos pés lenta e simultaneamente.

Embusen

Migi zenkutsu-dachi

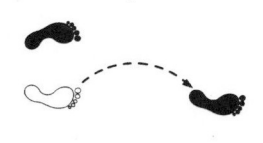

2 | *Ryō ken chūdan kakiwake uke*

Migi kōkutsu-dachi

Bloqueio em cunha invertida do nível médio com as duas mãos Deslize lentamente o pé esquerdo para a esquerda.

4 | Hidari chūdan tate shutō uke

Hidari kōkutsu-dachi

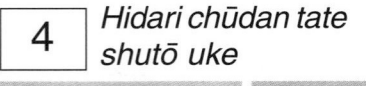

O Movimento 3 é feito lentamente.

Bloqueio do nível médio à esquerda com a mão em espada vertical Deslize lentamente o pé esquerdo para a esquerda.

Bloqueio em cunha invertida do nível médio com as duas mãos Deslize o pé direito
para a direita.

Hidari zenkutsu-dachi

 **5** *Migi chūdan gyaku-zuki*

Soco invertido no nível médio com o punho direito

 **6** *Hidari chūdan oi-zuki*

Soco de estocada no nível médio com o punho esquerdo Os Movimentos 5 e 6 são socos alternados.

8 *Migi chūdan oi-zuki*

Migi zenkutsu-dachi

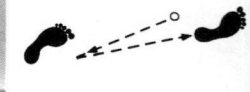

Soco de estocada no nível médio com o punho direito Execute os Movimentos 7 e 8 sem interrupção.

7 — *Migi chūdan mae-geri*

Hidari ashi-dachi

Chute frontal no nível médio com o pé direito

9 — *Migi chūdan tate shutō uke*

Migi zenkutsu-dachi

Bloqueio do nível médio à direita com a mão em espada vertical Deslize lentamente o pé direito para a direita.

10 Hidari chūdan gyakuzuki

Soco invertido no nível médio com o punho esquerdo

11 Migi chūdan oi-zuki

Soco de estocada no nível médio com o punho direito   Os Movimentos 10 e 11 são socos alternados.

Hidari zenkutsu-dachi

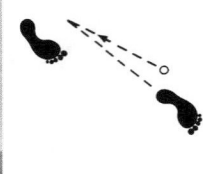

14 Migi tate empi uchi

Golpe vertical com o cotovelo direito   Rode sobre a perna direita, recue o pé esquerdo e inverta a direção.

12 Hidari chūdan maegeri

Migi ashi-dachi

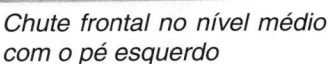

Chute frontal no nível médio com o pé esquerdo

13 Hidari chūdan oi-zuki

Soco de estocada no nível médio com o punho esquerdo   Execute os Movimentos 12 e 13 sem interrupção.

Migi zenkutsu-dachi

15 | *Migi shutō chūdan uke*
Hidari te migi hiji shita ni soeru

Bloqueio do nível médio direito com a mão em espada/Mão esquerda debaixo do cotovelo direito   Gire os quadris para a esquerda. Execute lentamente.

17 | *Migi shihon nukite chūdan tate-zuki*
Hidari shō migi hiji uchigawa ni soeru

Soco no nível médio com a mão direita em lança de quatro dedos vertical/Mão esquerda dentro do cotovelo direito   Os Movimentos 17, 18 e 19 são estocadas diretas com as mãos se movendo como se fossem esfregadas uma na outra.

16 — *Migi haishu chūdan osae / Hidari shutō gedan-barai*

Migi kōkutsu-dachi

 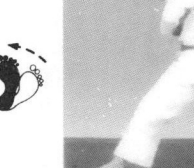  

Pressão para baixo no nível médio com o dorso da mão direita/Bloqueio para baixo à esquerda com a mão em espada Movimente as mãos simultaneamente, mas mantenha o cotovelo direito imóvel e leve o antebraço direito para a direita.

18 — *Hidari shihon nukite chūdan tate-zuki / Migi shō hidari hiji uchigawa ni soeru*

Migi zenkutsu-dachi

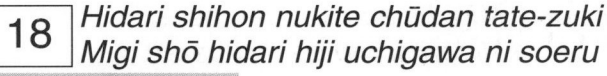

Soco no nível médio com a mão esquerda em lança de quatro dedos vertical/Mão direita dentro do cotovelo esquerdo

19 *Migi shihon nukite chūdan tate-zuki*
Hidari shō migi hiji uchigawa ni soeru

Soco no nível médio com a mão direita em lança de quatro dedos vertical/Mão esquerda dentro do cotovelo direito

21 *Migi haishu chūdan osae*
Hidari shutō gedan-barai

22

Pressão para baixo no nível médio com o dorso da mão direita/ Bloqueio para baixo com a mão esquerda em espada Movimente as mãos simultaneamente.

20 Migi shutō chūdan uke
Hidari te migi hiji shita ni soeru

Migi kōkutsu-dachi

Bloqueio do nível médio direito com a mão em espada/Mão esquerda debaixo do cotovelo direito   Gire lentamente os quadris para a esquerda para inverter a direção.

Migi shihon nukite chūdan tate-zuki
Hidari te migi hiji uchigawa ni soeru

Migi zenkutsu-dachi

Soco no nível médio com a mão direita em lança de quatro dedos vertical/Mão esquerda dentro do cotovelo direito

23 — Hidari shihon nukite chūdan tate-zuki
Migi te hidari hiji uchigawa ni soeru

Soco no nível médio com a mão esquerda em lança de quatro dedos vertical/Mão direita dentro do cotovelo esquerdo

25 — Hidari haitō sahō gedan uke
Migi shutō suigetsu mae kamae

Bloqueio para baixo e para a esquerda com a lateral da mão esquerda/Kamae da mão direita em espada diante do plexo solar   Com a perna direita como pivô, gire os quadris para a esquerda.

*Migi shihon nukite chūdan tate-zuki
Hidari te migi hiji uchigawa ni soeru*

*Soco no nível médio com a mão direita em lança de quatro dedos vertical/Mão
esquerda dentro do cotovelo direito*   Execute os Movimentos 23 e 24 continua-
mente, movimentando as mãos como se as esfregasse uma na outra.

Kiba-dachi

26 *Ryō te sono mama*

Hidari ashi mae ni migi ashi o kōsa

   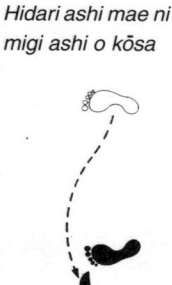

Mãos como antes Execute lentamente.

27b *Ryō te hidari koshi*

Kiba-dachi

   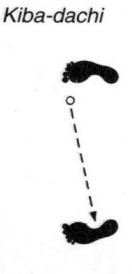

Ambos os punhos no lado esquerdo Abaixe o pé esquerdo com força para a esquerda; ao mesmo tempo, leve ambos os punhos até o quadril esquerdo, com vigor.

Ryō shō awase chūdan bō uke

Migi ashi-dachi

Bloqueio de vara no nível médio com ambas as mãos   Levante o joelho esquerdo na frente do peito. Dorso da mão direita para cima, dorso da mão esquerda para baixo.

28   *Migi haitō gedan uke*
Hidari shutō suigetsu mae kamae

Bloqueio para baixo com a lateral da mão direita/Kamae da mão esquerda em espada na frente do plexo solar   Execute o bloqueio para o lado direito.

29 — Ryō te sono mama

Migi ashi mae ni hidari ashi o kōsa

Mãos como antes Execute lentamente.

31 — Migi shutō chūdan uke / Hidari te migi hiji shita

Kiba-dachi

Ambos os punhos no lado direito 30 são contínuos.

Como no Movimento 27. Os Movimentos 29 e

30a *Ryō shō awase chūdan bō uke*   **30b** *Ryō ken migi koshi*

Bloqueio de vara no nível médio com ambas as mãos

ni soeru

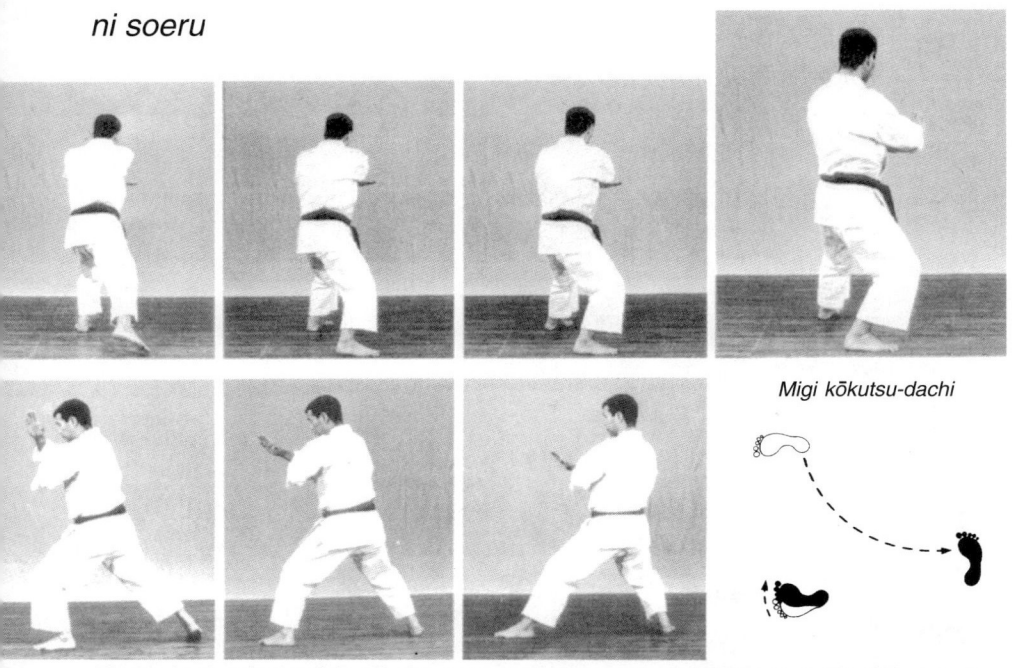

Migi kōkutsu-dachi

Bloqueio do nível médio direito com a mão em espada/Mão esquerda debaixo do cotovelo direito Com a perna esquerda como pivô, recue o pé direito. Execute lentamente.

32 *Migi haishu chūdan osae*
Hidari shutō gedan-barai

Pressão para baixo no nível médio com o dorso da mão direita/Bloqueio para baixo com a mão esquerda em espada

34 *Hidari shihon nukite chūdan tate-zuki*
Migi te hidari hiji uchigawa ni soeru

Soco no nível médio com a mão esquerda em lança de quatro dedos vertical/ Mão direita dentro do cotovelo esquerdo

33 | *Migi shihon nukite chūdan tate-zuki*
Hidari te migi hiji uchigawa ni soeru

Migi zenkutsu-dachi ·

Soco no nível médio com a mão direita em lança de quatro dedos vertical/Mão esquerda dentro do cotovelo direito   Deslize o pé direito um passo à frente.

35 | *Migi shihon nukite chūdan tate-zuki*
Hidari te migi hiji uchigawa ni soeru

Soco no nível médio com a mão direita em lança de quatro dedos vertical/Mão esquerda dentro do cotovelo direito   Os Movimentos 33-35 são contínuos.

36 | *Migi shutō jōdan soto mawashi uchi*

Golpe circular no nível superior de fora para dentro com a mão direita em espada
Com a perna direita como pivô, gire os quadris para a esquerda e inverta a direção.

37 | *Migi shutō jōdan uchi mawashi uchi*

Golpe circular no nível superior de dentro para fora com a mão direita em espada
Deslize o pé direito um passo à frente. Gire o antebraço enquanto mantém o

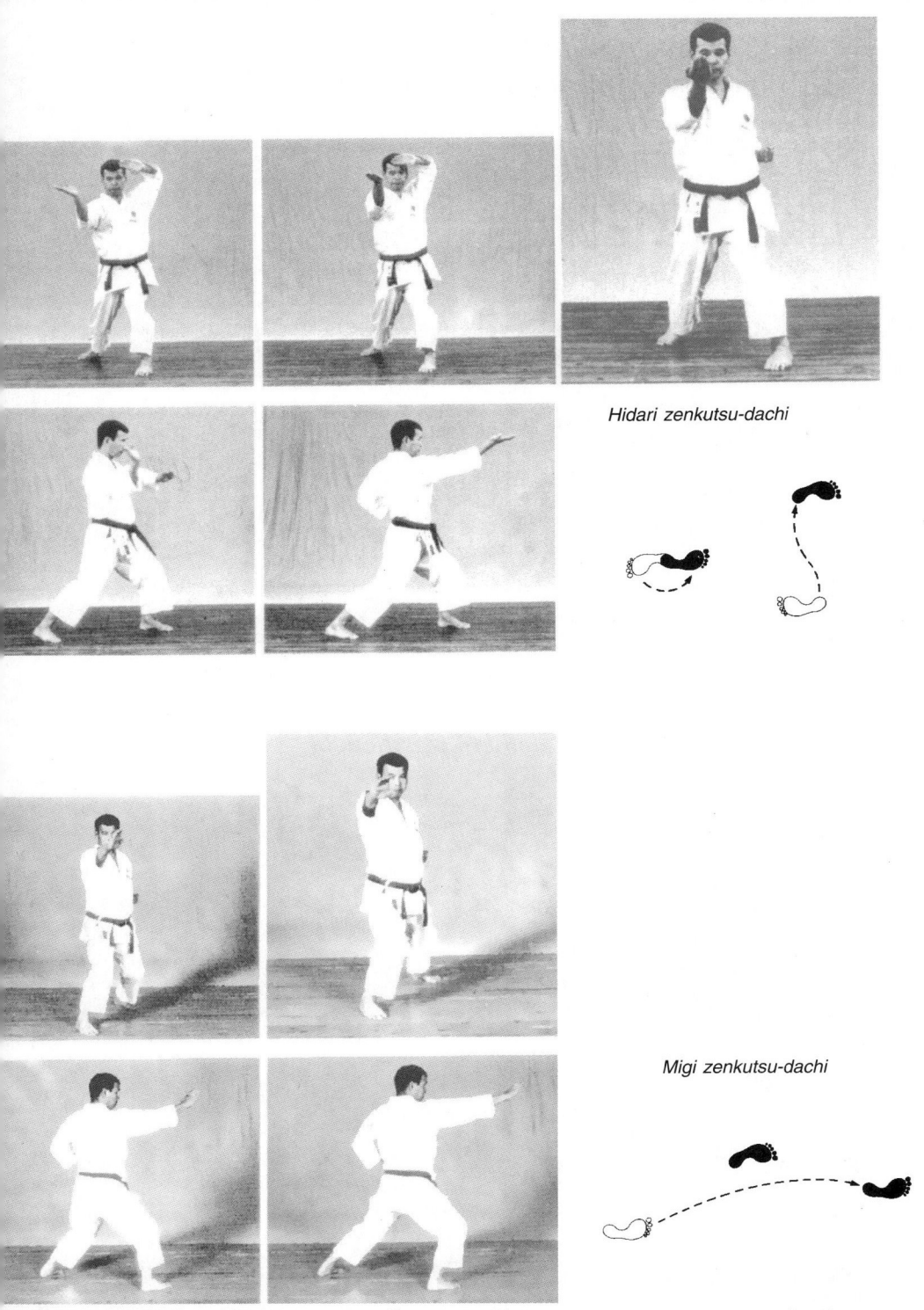

Hidari zenkutsu-dachi

Migi zenkutsu-dachi

cotovelo fixo. Movimente as mãos e os pés ao mesmo tempo, aumentando a força gradativamente.

38 *Hidari shutō jōdan soto mawashi uchi*

Golpe circular no nível superior de fora para dentro com a mão esquerda em espada

39 *Hidari shutō jōdan uchi mawashi uchi*

Golpe circular no nível superior de dentro para fora com a mão esquerda em espada Enquanto desliza o pé esquerdo para a frente, para assumir a postura,

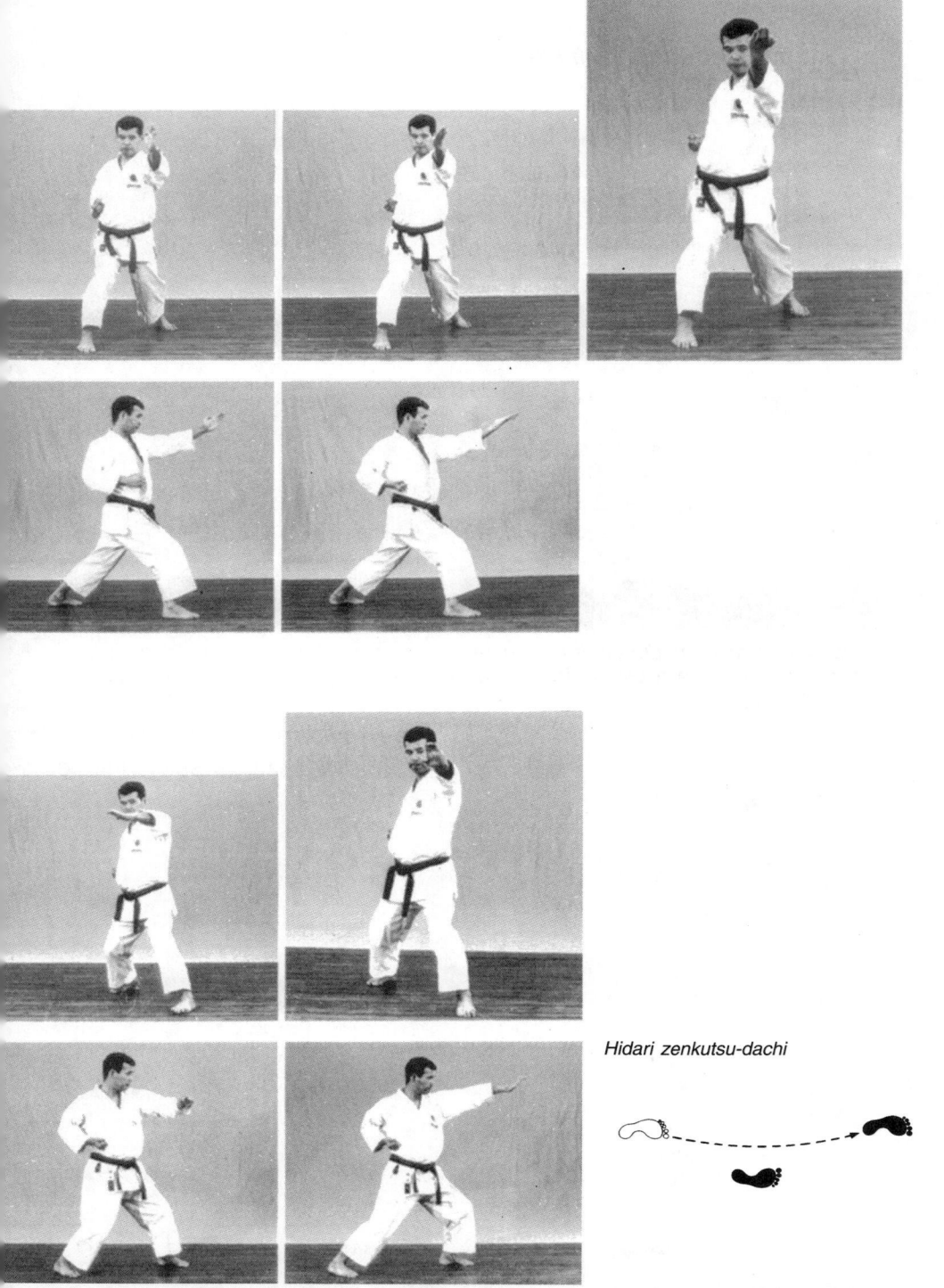

Hidari zenkutsu-dachi

golpeie para a frente, girando o antebraço. Mantenha o cotovelo firme. Movimente as mãos e os pés lentamente, aumentando a força aos poucos.

40 — *Migi chūdan uchi uke*

Bloqueio do nível médio direito, de dentro para fora   Leve o punho esquerdo vigorosamente para a esquerda para assumir a posição invertida semivoltada para a frente.

42 — *Hidari gedan-zuki / Migi jōdan tsukamiyose*

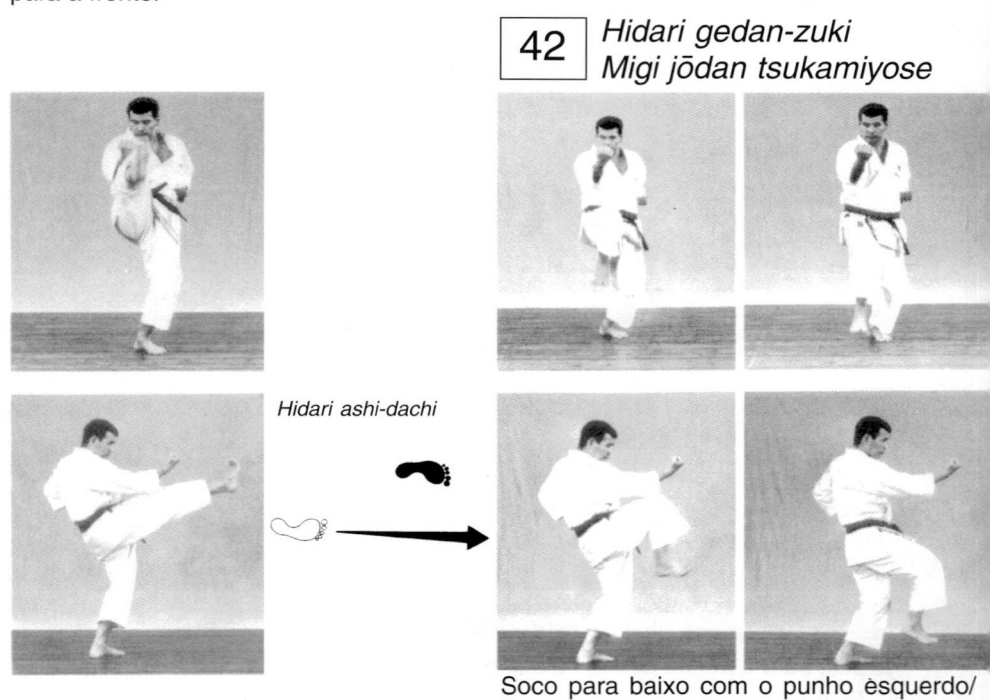

Hidari ashi-dachi

Soco para baixo com o punho esquerdo/ Agarrar-puxar para cima *à direita*   Abaixe

41 — *Migi chūdan mae-geri*

Chute frontal no nível médio com o pé direito

Migi ashi mae kōsa

o pé de chute na frente e cruze o pé esquerdo atrás dele. Mantenha os quadris baixos.

43   *Migi gedan-barai*

Bloqueio para baixo à direita   Olhando diretamente à frente, gire os quadris e deslize o pé esquerdo para trás. Incline o tronco ligeiramente em direção à perna esquerda. Execute os Movimentos 41-43 um depois do outro sem pausa.

44   *Migi shutō chūdan uke*
        Hidari te migi hiji shita ni soeru

Bloqueio do nível médio com a mão direita em espada/Mão esquerda debaixo do cotovelo direito   Execute lentamente.

Hidari zenkutsu-dachi

Migi kōkutsu-dachi

45 *Migi haishu chūdan osae*
Hidari shutō gedan-barai

Pressão para baixo no nível médio com o dorso da mão direita/Bloqueio para baixo com a mão esquerda em espada   Leve o antebraço direito para a direita com o cotovelo em posição fixa. Movimente as mãos simultaneamente.

47 *Hidari shihon nukite chūdan tate-zuki/Migi te hidari hiji*

48 *Migi shihon nukite chūdan tate-zuki/Hidari te migi hiji*

Soco no nível médio com a mão esquerda em lança de quatro dedos vertical/Mão direita dentro do cotovelo esquerdo

Soco no nível médio com a mão direita em lança de quatro dedos vertical/ Mão esquerda dentro do cotovelo direito. Execute 47-48 rapidamente.

46 — *Migi shihon nukite chūdan tate-zuki*
Hidari te migi hiji

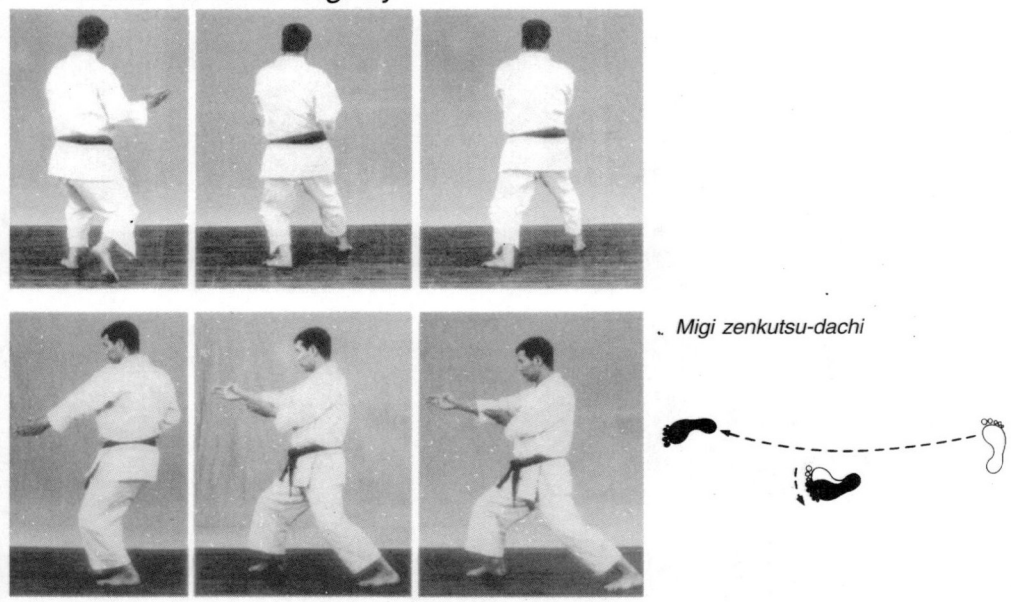

Migi zenkutsu-dachi

Soco no nível médio com a mão direita em lança de quatro dedos vertical/Mão esquerda dentro do cotovelo direito

49 — *Hidari haitō sahō gedan uke*
Migi shutō suigetsu mae kamae

Kiba-dachi

Bloqueio para baixo e para a esquerda com a lateral da mão esquerda/Kamae da mão direita em espada diante do plexo solar

50 *Ryō te sono mama*

Hidari ashi mae ni migi ashi o kōsa

Mãos como antes

51b *Migi chūdan-zuki*

Kiba-dachi

Soco no nível médio com o punho direito Bata com vigor o pé esquerdo no lado esquerdo, executando o soco ao mesmo tempo. Os Movimentos 50 e 51 fluem de um para o outro.

51a — Hidari tate shutō chūdan uchi uke

Bloqueio do nível médio com a mão esquerda em espada vertical, de dentro para fora Levante o joelho esquerdo diante do peito.

52 — Migi haitō uhō gedan uke
Hidari shutō suigetsu mae kamae

Bloqueio para baixo à direita com a lateral da mão direita/Kamae da mão esquerda em espada diante do plexo solar

53   *Ryō te sono mama*

Migi ashi mae ni hidari ashi o kōsa

Mãos como antes

55   *Migi uraken jodan tate mawashi uchi/Hidari kēn migi hiji shita*

Kiba-dachi

Não há pausa entre os Movimentos 53 e 54.

Golpe circular vertical no nível superior com o dorso do punho direito/Punho esquerdo

54a — Hidari tate shutō chūdan uchi uke

54b — Migi chūdan-zuki

Bloqueio do nível médio com a mão esquerda em espada vertical, de dentro para fora Levante o joelho direito diante do peito.

Soco no nível médio com o punho direito Bata o pé direito com força na direita, executando simultaneamente o soco.

ni soeru

Migi zenkutsu-dachi

debaixo do cotovelo direito Deslize o pé direito à frente, movimentando as mãos e os pés lenta e simultaneamente.

56 *Hidari kentsui chūdan yoko uchi*

Kiba-dachi

Golpe lateral no nível médio com o punho-martelo esquerdo Recue o pé direito e mude a direção do corpo.

58 *Ryō ken zenpō e heikō ni nobasu*

Shizen-tai

Punhos estendidos para a frente e paralelos Gire os quadris para a esquerda e recue o pé esquerdo para assumir a posição.

57 *Migi chūdan oi-zuki*

Soco de estocada no nível médio com o punho direito

59 *Ryō kentsui kōhō chūdan hasami uchi*

Golpe no nível médio com punhos-martelo em tesoura para trás Dobre-se para a frente como forçando as nádegas contra o abdômen do oponente. Execute o golpe ao mesmo tempo.

60 | *Ryō ken koshi ni kamaeru*

Kamae dos punhos junto aos quadris

62 | *Ryō shō gedan sokuhō-barai*

Migi ashi mae neko ashi-dachi

Bloqueios para baixo e para os lados com ambas as mãos As mãos e os pés se movimentam lenta e simultaneamente.

Ryō ken koshi ni kamaeta mama

Hidari zenkutsu-dachi

Mantenha kamae   Com a perna direita como pivô, gire vigorosamente os quadris para a esquerda.

63 *Ryō keitō chūdan uke*

Bloqueio do nível médio com punhos "cabeça de galo"   Levante lentamente os antebraços, mantendo os cotovelos imóveis.

64 *Ryō te seiryūtō chūdan uchi*

Migi ashi mae kōsa-dachi

Golpe no nível médio com mãos "queixada de boi"   Levante os antebraços e empurre as mãos à frente com vigor. Assuma a postura rapidamente.

Naore

Retome lentamente a postura natural.

65 | *Migi shutō chūdan uke*
Hidari te migi hiji shita ni soeru

Migi kōkutsu-dachi

Bloqueio do nível médio com a mão direita em espada/Mão esquerda debaixo do cotovelo direito   Gire os quadris para a esquerda enquanto posiciona o pé direito atrás e inverte a direção. Faça isso lentamente e termine os movimentos das mãos e dos pés ao mesmo tempo.

Shizen-tai

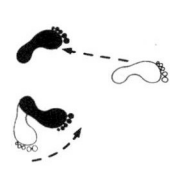

GOJŪSHIHO SHŌ: PONTOS IMPORTANTES

Gojūshiho Shō é uma transformação de Gojūshiho Dai e, como Dai, é um kata longo. A arma do Shō é a mão em espada, utilizada em bloqueios e estocadas para repelir ataques.

Só é possível captar a essência característica deste kata quando ele é executado por um karateca experiente cuja técnica tenha alcançado a maturidade.

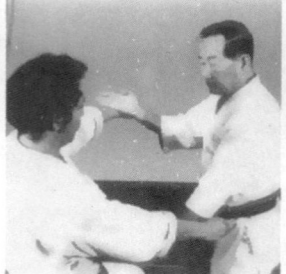
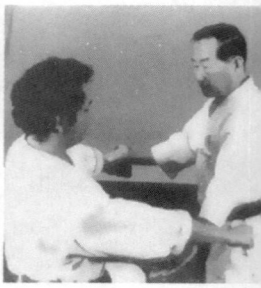

1. Movimento 16. Na posição semivoltada para a frente, bloqueie o soco com a mão esquerda do oponente com o dorso de sua mão direita. Pressione para baixo forçando seu antebraço direito com vigor para a direita. Para ser eficaz, o cotovelo deve ficar imóvel. Um bloqueio para baixo com sua mão esquerda em espada pode ser executado ao mesmo tempo.

2. Movimento 17. Ao deter um soco no nível médio com sua mão direita em lança de quatro dedos, cruze as mãos uma sobre a outra, como se estivesse serrando, junto à mão que agarra seu antebraço.

3. Movimento 27. Num ataque frontal com vara, desarme o adversário pegando a vara, empurrando para baixo com a mão direita, para cima com a esquerda, enquanto puxa a vara em direção ao quadril esquerdo. O dorso da mão esquerda fica para baixo, o da direita, para cima.

Você pode bloquear um soco do mesmo modo, como mostram as fotografias à direita.

4. Movimento 39. Gire o antebraço direito enquanto projeta a mão em espada para a frente. Não mude a posição do cotovelo nem o relaxe enquanto gira o pulso. Esta técnica não é apropriada para soltar uma mão presa.

5. Movimento 42. Uma aplicação é executar um ataque para baixo enquanto desvia um soco no nível médio ou superior. Abaixe os quadris.

6. Movimento 43. Para livrar-se da captura do oponente, golpeie a mão esquerda dele com um bloqueio para baixo à direita. Você pode então inclinar-se para a frente e para a esquerda para continuar o bloqueio e desviar o chute direito do adversário.

Neste bloqueio é essencial golpear com força e simultaneamente puxar a mão esquerda para trás, com vigor.

7. Movimento 64. Levando ambas as mãos para baixo, nas laterais do corpo, você pode desviar um chute do atacante para o lado (*acima, à esquerda*). Se ele continuar com o soco de dois punhos, desvie as mãos dele para fora com punhos "cabeça de galo". Mantenha os dedos unidos (*acima, à direita*). Imediatamente gire os pulsos e contra-ataque com mãos "queixada de boi" contra a clavícula dele. Não mude a posição dos cotovelos.

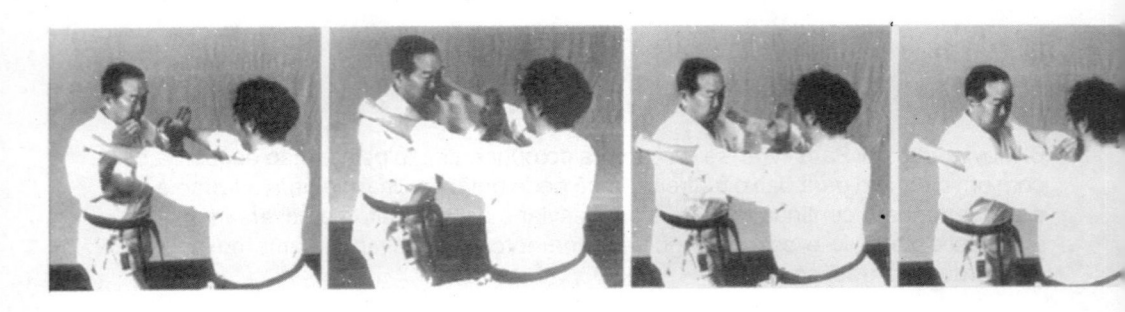

Meikyō

Kamae

| 1 | *Ryō ken ryō koshi kamae* |

Kamae dos punhos ao lado do corpo Desloque o pé direito para a direita, cruze as mãos no nível do peito e então feche os punhos. Aumente a força aos poucos.

Embusen

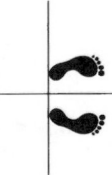

Kiba-dachi

2a *Ryō shō kubi mae awase*

Mãos se tocam diante do pescoço Lenta e calmamente, aproxime as pontas dos dedos mínimo e anular de ambas as mãos, tocando-os de leve.

3 *Hidari gedan-barai*
Migi ken migi koshi

Bloqueio para baixo à esquerda/Punho direito no lado direito Deslize o pé esquerdo para a frente e para a esquerda, obliquamente.

2b | *Ryō shō kakiwake uke*

Bloqueio em cunha invertida com as duas mãos   Comprima as axilas e desloque as mãos para os lados, aumentando a força aos poucos.

Hidari zenkutsu-dachi

4 — Migi chūdan oi-zuki
Hidari ken hidari koshi

Migi chūdan oi-zuki
Hidari ken hidari koshi

Migi zenkutsu-dachi

Soco de estocada no nível médio com o punho direito/Punho esquerdo no lado esquerdo   Deslize o pé direito para a frente.

6 — Hidari chūdan oi-zuki
Migi ken migi koshi

Hidari chūdan oi-zuki
Migi ken migi koshi

Hidari zenkutsu-dachi

Soco de estocada no nível médio com o punho esquerdo/Punho direito no lado direito   Deslize o pé esquerdo um passo à frente.

5 *Migi gedan-barai*
Hidari ken hidari koshi

Migi zenkutsu-dachi

Bloqueio para baixo à direita/Punho esquerdo no lado esquerdo   Com a perna esquerda como pivô, gire os quadris para a direita. Deslize o pé direito para a frente e para a direita, obliquamente.

7 *Hidari shō hitai mae ni kazasu*
Migi shō gedan uke

Hidari kōkutsu-dachi

Mão esquerda acima da testa/Bloqueio para baixo com a mão direita   Gire os quadris para a esquerda e deslize o pé direito um passo à frente.

8 — Ryō shō tsukami uke, gedan e oshikomu

Migi zenkutsu-dachi

Bloqueio agarrando com as duas mãos, empurrando para baixo Dorso da mão
direita para cima, dorso da mão esquerda para baixo.

10 — Ryō ken ryō koshi

Punhos nos lados Alinhe o pé direito com o esquerdo. Cruze as mãos diante do
rosto e cerre os punhos. Execute lentamente, mãos e pés movimentando-se simultaneamente.

Kyodō 8 no mama

Hidari zenkutsu-dachi

Mãos como antes   Gire os quadris para a esquerda para ficar voltado para trás. Ao mesmo tempo, gire ligeiramente os antebraços.

Kiba-dachi

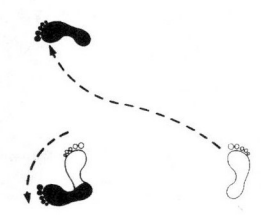

11 | *Hidari gedan-barai*
Migi ken migi koshi

*Bloqueio para baixo à esquerda/Punho direito no lado direito   Deslize o pé es-
querdo para a frente e para a esquerda, numa linha oblíqua.*

12 | *Migi chūdan oi-zuki*
Hidari ken hidari koshi

*Soco em estocada no nível médio com o punho direito/Punho esquerdo no lado
esquerdo   Deslize o pé direito para a frente.*

Hidari zenkutsu-dachi

Migi zenkutsu-dachi

13   *Migi gedan-barai*
Hidari ken hidari koshi

Migi zenkutsu-dachi

Bloqueio para baixo à direita/Punho esquerdo no lado esquerdo   Deslize o pé direito diagonalmente à direita, com a perna esquerda como pivô.

15   *Hidari shō hitai mae ni kazasu*
Migi shō gedan uke

Hidari kōkutsu-dachi

Mão esquerda acima da testa/Bloqueio para baixo com a mão direita   Execute lentamente, movimentando as mãos e os pés simultaneamente.

14 Hidari chūdan oi-zuki
Migi ken migi koshi

Hidari zenkutsu-dachi

Soco em estocada no nível médio com o punho esquerdo/Punho direito no lado direito

16 Ryō shō tsukami uke, gedan e oshikomu

Migi zenkutsu-dachi

Bloqueio agarrando com as duas mãos, empurrando para baixo Dorso da mão direita para cima, dorso da mão esquerda para baixo.

17 Sono mama

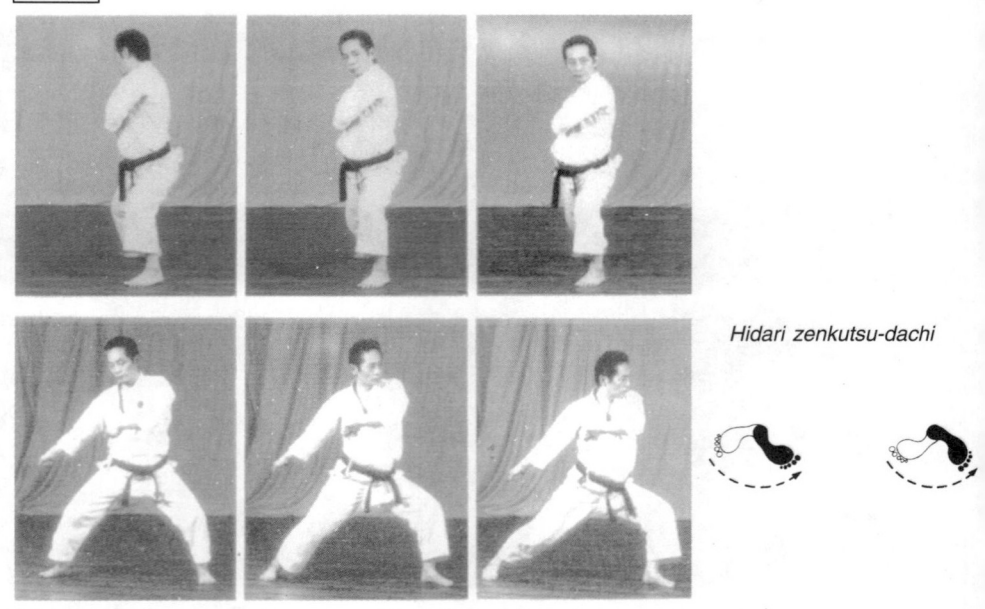

Hidari zenkutsu-dachi

Mãos como antes   Gire os quadris para a esquerda, rosto para trás.

19 Hidari chūdan uchi uke
Migi ken migi koshi

Bloqueio no nível médio à esquerda, de dentro para fora/Punho direito no lado direito   Deslize o pé esquerdo para a frente e para a esquerda.

18 · *Ryō ken ryō koshi*

Kiba-dachi

Punhos nos lados Cruze as mãos na frente do rosto e cerre os punhos. Execute lentamente, movimentando as mãos e os pés simultaneamente.

Hidari zenkutsu-dachi

20 — *Migi chūdan oi-zuki*

Migi zenkutsu-dachi

Soco de estocada no nível médio com o punho direito

22 — *Hidari chūdan oi-zuki*

Hidari zenkutsu-dachi

Soco de estocada no nível médio com o punho esquerdo

21 — *Migi chūdan uchi uke*

Migi zenkutsu-dachi

Bloqueio do nível médio à direita, de dentro para fora   Deslize o pé direito diagonalmente para a direita, com a perna esquerda como pivô.

23 — *Hidari kentsui chūdan uchi / Migi ken migi koshi*

Kiba-dachi

Golpe no nível médio à esquerda com punho-martelo/Punho direito no lado direito

24 | *Migi mikazuki-geri*

Chute ascendente com o pé direito planta do pé direito. Toque a palma da mão esquerda com a

Migi kōkutsu-dachi

26 | *Ryō ken hidari sokumen jōdan uke*

Bloqueio do nível superior para a esquerda com ambos os punhos Dor-

25 | *Ryō ken gedan kakiwake uke*

Hidari ashi-dachi

Bloqueio em cunha invertida para baixo com as duas mãos   Recue a perna de chute direita e assuma a postura semivoltada para a frente. Cruze as mãos na frente do peito.

so da mão direita para dentro. Posicione o antebraço esquerdo na vertical (dorso da mão para dentro). Este é o mesmo Movimento 1 de Heian 2.

27 *Ryō ken migi sokumen jōdan uke*

Bloqueio do nível superior para a direita com ambos os punhos   Deslize o pé direito um passo à frente. Dorso da mão esquerda para dentro. Posicione o antebraço direito na vertical.

28 *Ryō ken ryō gawa*

Punhos para os lados   Deslize o pé esquerdo para a frente enquanto cruza os punhos na frente do rosto e os projeta para os lados. Leve os quadris à frente com vigor.

Hidari kōkutsu-dachi

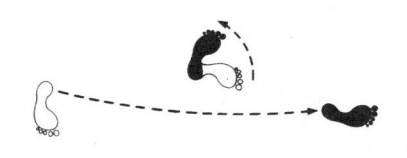

Hidari zenkutsu-dachi

29 — *Ryō ken chūdan kakiwake uke*

Bloqueio em cunha invertida do nível médio com as duas mãos direito à frente. Cruze os antebraços na frente do peito. Deslize o pé

30b — *Ryō ken chūdan kakiwake uke*   ## 31 — *Hidari jōdan*

Bloqueio em cunha invertida do nível médio com as duas mãos Enquanto desliza os pés à frente, volte ao bloqueio do nível médio do Movimento 29.

Bloqueio ascendente do nível superior à esquerda Enquanto desliza os pés

Hidari kōkutsu-dachi

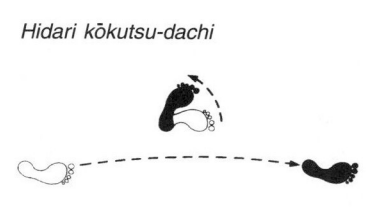

Soco de perto no nível superior com os dois punhos Deslize os pés para a frente.

age-uke

Migi kōkutsu-dachi

ligeiramente à frente, gire os quadris para a esquerda e inverta a direção.

Salto em triângulo   Gire os quadris para a esquerda, salte e toque o cotovelo direito com a palma esquerda.

33 Hidari shutō uke

Naore

Migi kōkutsu-dachi

Bloqueio com a mão esquerda em espada
Recue o pé direito para tomar posição.

Retorne a shizen-ta

32b *Migi shutō uke*

Hidari kōkutsu-dachi

Bloqueio com a mão direita em espada frente.   Complete o salto de 180° e volte-se para a

Shizen-tai

MEIKYŌ: PONTOS IMPORTANTES

As técnicas básicas aprendidas em Heian (*ver* volume 5) voltam a ser aplicadas aqui para compor a maior parte deste kata suave e sereno.

A característica predominante de Meikyō é o *sankaku tobi* no final do kata. Corretamente executada, essa difícil técnica capacita o karateca a transformar uma desvantagem em vantagem num único movimento rápido. Desnecessário dizer, ela exige o mais elevado nível de habilidade, e dominá-la pode ser um desafio mesmo para o praticante mais experiente e graduado.

1. Movimento 2. Começando com as mãos levemente se tocando, bloqueie pelo lado de dentro o ataque com dois punhos do oponente. Abra as mãos e vire-as para fora. A eficácia decorre de manter as axilas comprimidas e os cotovelos na mesma posição.

2. Movimentos 7/8. Para bloquear uma vara direcionada contra sua cabeça, use ambas as mãos, pé direito à frente. Agarre a vara e desequilibre o oponente empurrando para a frente com a mão direita, com força, enquanto firma o cotovelo esquerdo.

3. Movimentos 24/25. Bloqueie um soco de estocada com um chute ascendente com o pé direito, golpeando com vigor o antebraço do oponente. Retraia a perna de chute instantaneamente. Contra um ataque com as duas mãos, execute um bloqueio em cunha invertida para baixo com os dois punhos, levando os quadris para a frente.

4. Movimentos 29/30. Depois de um bloqueio em cunha invertida do nível médio, contra-ataque com ambos os punhos em direção ao rosto do adversário; endireite os cotovelos enquanto dá um passo à frente. Volte a recolher os cotovelos imediatamente.

5. Movimento 32. Ao executar o salto em triângulo, é importante girar os quadris vigorosa e amplamente. Mantenha as pernas dobradas o máximo possível. Como se vê aqui, a necessária habilidade e a maturidade técnica só são obtidas com longa experiência.

GLOSSÁRIO

age-uke, bloqueio para cima
ashi, pé, perna

bō, vara

chichi, mamilo
chūdan, nível médio
chūdan-zuki, soco no nível médio

embusen, linha de execução

gawa, lado
gedan, nível inferior
gedan-barai, bloqueio para baixo
gedan uke, bloqueio para baixo
gedan-zuki, soco para baixo
gyaku-zuki, soco invertido

hachinoji-dachi, postura de pernas afastadas
haishu, dorso da mão
haitō, lateral da mão
hasami uchi, golpe em tesoura
heikō, paralelo
hidari, esquerdo
hidari ashi-dachi, postura da perna esquerda
hiji, cotovelo
hiji ate, golpe com o cotovelo
hiki, puxando
hiraku, aberto
hitai, testa

ikken hissatsu, matar com um só golpe
ippon ken, punho com um só nó do dedo
ippon nukite, mão em lança de um só nó

jōdan, nível superior
jōhō, para cima

kahō, para baixo
kakiwake uke, bloqueio em cunha invertida
kamae, postura, posição
kamaeru, tomar posição
kata, ombro
kazasu, segurar no ar
keitō, punho "cabeça de galo"
ken, punho
kentsui uchi, golpe com punho-martelo
kiba-dachi, postura do cavaleiro
kō, dorso do punho/mão
kōhō, para trás
kokō, "boca de tigre"
kōkutsu-dachi, postura recuada
kōsa, cruz
kōsa-dachi, posição de pés cruzados
koshi, quadril
kubi, pescoço
kyodō, movimento

mae, frente, na frente de
mae-geri, chute frontal direto
mae muki, voltado para a frente
mawashi uchi, golpe circular
migi, direita
migi ashi-dachi, postura da perna direita
mikazuki-geri, chute ascendente
mimi, orelha
morote, ambas as mãos

nagashi uke, bloqueio desviando
naname, diagonalmente
naore, retorno a *yōi*
neko ashi-dachi, postura de gato
nobasu, endireitar, estender

oi-zuki, soco de estocada
osae, pressão para baixo
oshikomu, empurrar (com vigor)
otoshi uchi, golpe descendente
otoshi-zuki, soco descendente

ryō, ambos
ryō shō awase, soco descendente

sahō, direção esquerda
sankaku tobi, salto em triângulo
seiryūtō, mão "queixada de boi"
shihon nukite, mão em lança de quatro
 dedos
shita muki, voltado para baixo
shita ni, embaixo, sob
shizen-tai, postura natural
shutō, mão em espada
shutō uke, bloqueio com a mão em
 espada
soeru, ataque
sokuhō, lado
sokumen uke, bloqueio lateral
sono mama, como é, como está
soto, de fora para dentro
soto muki, voltado para fora
suigetsu, plexo solar
sukui uke, bloqueio com a palma da
 mão em concha
sun, unidade de comprimento, cerca
 de 3 cm
sun-dome, deter uma técnica antes de
 fazer contato

tanden, centro de gravidade
tate mawashi uchi, golpe circular
 vertical
tate nukite, mão em lança vertical
tate shutō, mão em espada vertical/
 de lado
tate shutō uke, bloqueio com a mão
 em espada vertical
tate-zuki, soco vertical
te, mão
tsukami uke, bloqueio agarrando
tsukamiyose, agarrando e puxando
tsukidashi, estocada
tsuyoku, com força

uchi, de dentro para fora
uchigawa, dentro, lado de dentro
uchi uke, bloqueio de dentro para fora
ue muki, voltado para cima
uhō, direção para a direita
uke, bloqueio
uraken , dorso do punho
ura-zuki, soco de perto

washide, "mão de águia"

yoko, lado
yoko uchi, golpe para o lado

zenkutsu-dachi, postura avançada
zenpō, direção frontal